poem & photo

똑똑, 문 좀 열어 주실래요

경북여자고등
곱게 쓰는 창작 동아리

똑똑, 문 좀 열어 주실래요

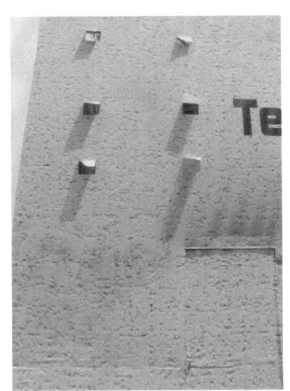

만인사

| 책머리에 |

도대체 이게 어떻게 시가 되지요

우리는 '곱게 쓰는 창작 동아리' 입니다.

거친 세상이든 무지한 세상이든 '곱게' 써 보자고 모인 것이 우리의
첫 만남이었지요. 첫 번째 프로젝트에서는 동화를 썼습니다.

동화다운 마음으로 세상을 보고, 읽고, 써 보며 기록의 소중함을
배웠습니다. 그렇게 해서 '인생은 동화다' 라는 우리의
첫 동화집이 태어났습니다.

서점에도, 도서관에도 우리 책이 있습니다. 참 신기하죠?

두 번째로 시작한 우리의 '곱게 쓰기' 프로젝트는 '시' 입니다.

머리로 쓰는 시가 아니라 밖으로 나가 세상을 만져보고,
세상과 대화해 보며, 세상으로 눈길을 보내자는 것이 우리의
과제였습니다. 그러기 위해 우린 학교 밖으로 발을 내딛었고,
섬세한 눈빛을 준비했습니다. 손에 든 카메라가 기록을 도와주었고요.

세상과 대화해 보려는 시도는 만만치 않았습니다.

아무리 걸어 다녀 보아도 눈에 띄는 것은 없고, 아무 것도 우리에게 말을 걸지 않았습니다. 말을 걸지 않은 것뿐만이 아닙니다.

세상을 보고자 걸어 나간 우리가 마치 투명인간이 된 것처럼 아무의 눈에도 띄지 않는 것 같았습니다.

우선 우리는 사진을 찍어보기로 했습니다. 카메라를 들어 눈길이 닿는 부분을 조심스럽게 기록하기 시작했습니다. 그렇지만 카메라 셔터를 누르면서 생각했지요. '도대체 이게 어떻게 시가 된단 말이야?'

집으로 돌아와 기록된 사신을 하나하나 보았습니다. '내' 가 찍은 것인지, '그들' 이 내 카메라를 잡아당긴 것인지 구분할 수 없었습니다. 오랫동안 답답했습니다. 그런데 가만히 들여다보니 '나' 와 '그들' 이 사진 속에서 '우리' 를 만들어낸 것 같기는 했습니다.

아하, 그렇다면 시를 쓴다는 것은 그리 겁을 낼 필요는 없었던 것입니다.
'나'와 '그들'을 글 속에 잡아당겨 함께 담아내면 되는 것이었지요.
'시'라는 것을 잠시 빌려서 말입니다. 물론 아직 어설픈 표현은 독자님들의
너그러움을 조금 빌려주세요. 어쨌든 이렇게 우리의 두 번째 프로젝트가
완성되었습니다. 시간을 많이 들이지 못해 아쉽지만 우리의 감격은
여전할 것이라 믿습니다. 앞으로도 '여.전.' 할 것이고요! 서점에서,
도서관에서 또 만나게 될 우리의 시집, 『똑똑, 문 좀 열어 주실래요』를
들고 있는 당신에게 가장 큰 고마움을 전합니다.
이 글을 쓴 사람은 곱게 쓰는 창작 동아리에서 '선생님' 역할을 맡았던
사람입니다만, 이 글의 화자는 '우리' 예요!

2013년 5월
전윤정 경북여고 교사

차례

| 책머리에 |
도대체 이게 어떻게 시가 되지요 · 전윤정_ 4

김예인 · 순수

인생이 뭐냐고 묻는다면_ 13
시험기간_ 15
멍하니_ 16
모녀_ 17
잠 못 이루는 어느 날_ 18
붓질_ 19
역마살이 끼었나봐_ 20
장마_ 22
이게 누고?_ 23
나뭇가지_ 24
초등학생의 생선가시_ 25
윤리 수업_ 27
마시는 그리움_ 28

차례

최호정 · 안녕

헛바닥_ 31
예솔에게_ 32
축제_ 34
독립영화_ 36
고등학생_ 38
국화꽃 향기_ 40
글쎄요_ 43
별이 없다_ 44
이상형_ 47
눈_ 48

이유미 · 나와 일상

아침 햇살_ 51
앨범_ 52
문득 올려다 본_ 53
너에게_ 54
모른다_ 56
나_ 57
정원의 풀_ 58

차례

이른 아침_ 60
순간 포착_ 61
우리의 여름_ 63
당연함_ 64
1+1_ 65
노크_ 66
21세기_ 67
바람이 분다_ 68
미로_ 70

길효정 · 말하다

현실_ 73
휴_ 74
기서무나구물_ 76
흐른다_ 78
휴게소_ 79
나의 너만은_ 81
모래시계_ 83
김칫국_ 84

차례

안정은 · 물음표

아름다움에 대하여_87
오늘밤_88
비밀_90
발버둥_91
깨달음을 준 사람_93
사랑_94
친구_95

표지 사진 · 박진형
본문 사진 · 박원식 교사/곱게 쓰는 창작 동아리

순수

김예인

인생이 뭐냐고 묻는다면

그래, 아직 20년도
안 살아봤지.

그래도
한 마디 할 수 있지 않을까?

―인생은 '시' 라고.

시험기간

아침이 되기엔 멀고
저녁을 즐기긴 늦었다.

거실엔 TV 소리가,
내 귀엔 음악소리가.

눈은 침대를 찾고
머리는 교과서를 찾는

캄캄한 이 밤,
지금은 11시 59분.

멍하니

놀이터에서
엉덩이를 억지로 끼워넣고
앉은 그네

아!
녹슨 그네줄에
살이 살짝 찝혀
황급히 손을 떼니
그네는 또
삐그덕,

두 손 무릎에 끼우고
하늘을 한 번,
올려다 보았다.

모녀

심심해서,
거실에 앉아 내 손톱에
매니큐어를 칠했다.
문득,
무심히 TV를 보는 엄마 손에
눈길이 갔다가
그만, 울렁울렁

심심해서,
엄마 손톱에도
매니큐어를 칠했다.

잠 못 이루는 어느 날

어느 새벽,
갑자기 일어나 바라본 밖은
뿌연 눈을 비벼도
여전히 뿌옇다.

오래된 수채화를 보는 듯
희미한 어둠의 색은
내 눈으로, 가슴으로
스며들어 간다.

그 새벽의 거리에
주황빛 별들이 나란히 서서
아른거린다. 아른거린다.

붓질

세상 모든 것들을
하얗게
더 하얗게 칠하고 싶다.

푸르른 것들은
푸르게
더 푸르게 남기고 싶다.

그 곳이 고요한 순백으로 남을 때까지.

역마살이 끼었나봐

자유로운 너를 따라 갈까
변덕스러운 입김에 나를 맡기고
그냥,
너를 따라 가버릴까.
미지에 대한 불안은 여기에 두고
그 방랑길을 따라서
떠나 버릴까.

장마

우울한 대지에
발소리가 울린다.

축축히 느껴지는 너의 얼굴이
나는 이제 익숙하다.

내게 어떤 여유가 있었다면
너의 손길을 피하지 않았을 거다.

그저, 너의 목소리를 듣고 있는 것만으로도
이미 내 마음을 실컷 적시었으니
오해하지 마라.

니가 싫다는 게 아니라
내겐 단지 그것이 없을 뿐이니까.

이게 누고?

세수하고 나서
거울을 봤다.
모오옷 생깄다.

돈 많이 벌어야겠다.

나뭇가지

왜
왜
또, 왜

너는 끊임없이 묻는다.

대답할 수 없는 물음을 한다.

초등학생의 생선가시

내가 요즘 느끼는 건
내가 다 컸나?
하는 생각.

왜냐고?

엄마가
이젠 생선가시
안 발라 주거든.

윤리 수업

나는 눈을 감는다
그리고 생각한다.

이 땅에 진정한 평화와 행복은
대체 언제쯤 오는 것일까.
이 더럽고 타락한 세상 속에서
 나는 어떻게 살아가야 하는 것인가.

나는 지금 진지한 고뇌에
빠져 있다.
절대로,

조는 게 아니다.

마시는 그리움

그날, 처음으로 마셔 본
민들레차에서
할머니 냄새가 났다.

안녕

최호정

혓바닥

목구멍에서부터
혓바닥을 끌어올리자.

토할 때까지
혓바닥을 내밀어보자.

혓바닥이 옴짝거린다.
옴짝거린다,
혓바닥.

예솔에게

나는 가끔씩
네가 나에게
어떤 사람인지 생각해본다.

난 너를 중학교 1학년 때 보았고
난 너와 LTE급 속도로 친해졌으며
난 너희집 냉장고를 거리낌 없이 열고
난 너의 강아지가 곰돌이 푸의 티거처럼
뛰어 오른단 것도 안다.

넌 나를 중학교 1학년 때 보았고
넌 나와 공기처럼 익숙한 사이가 되었으며
넌 나의 뒤통수를 거리낌 없이 후려치고
넌 나의 강아지의 발바닥이 색소가
다 찼는지 안 찼는지도 않다.

너와 나는
몇 달 만에 전화해도
"놀자"
"오냐"
할 수 있는 사이다.

나는 가끔씩
네가 나에게 어떤 사람인지
생각해 본다.

축제

땅바닥에 누워
천장을 보다가
나도 모르게 눈을 감았다.

감은 눈 안에서
상상의 폭죽이 터진다.
무엇이 빛이고
무엇이 어둠인가.

창밖에 흔들리던 나무들은
어느샌가 나의 방의
검은 바다가 되고

물고기가 된 나는
꿈을 꾸듯
헤엄친다.
바다가 출렁이면 들려오는
투명한 파도소리.

이것은 고요한 축제
나만의 고요한 축제.

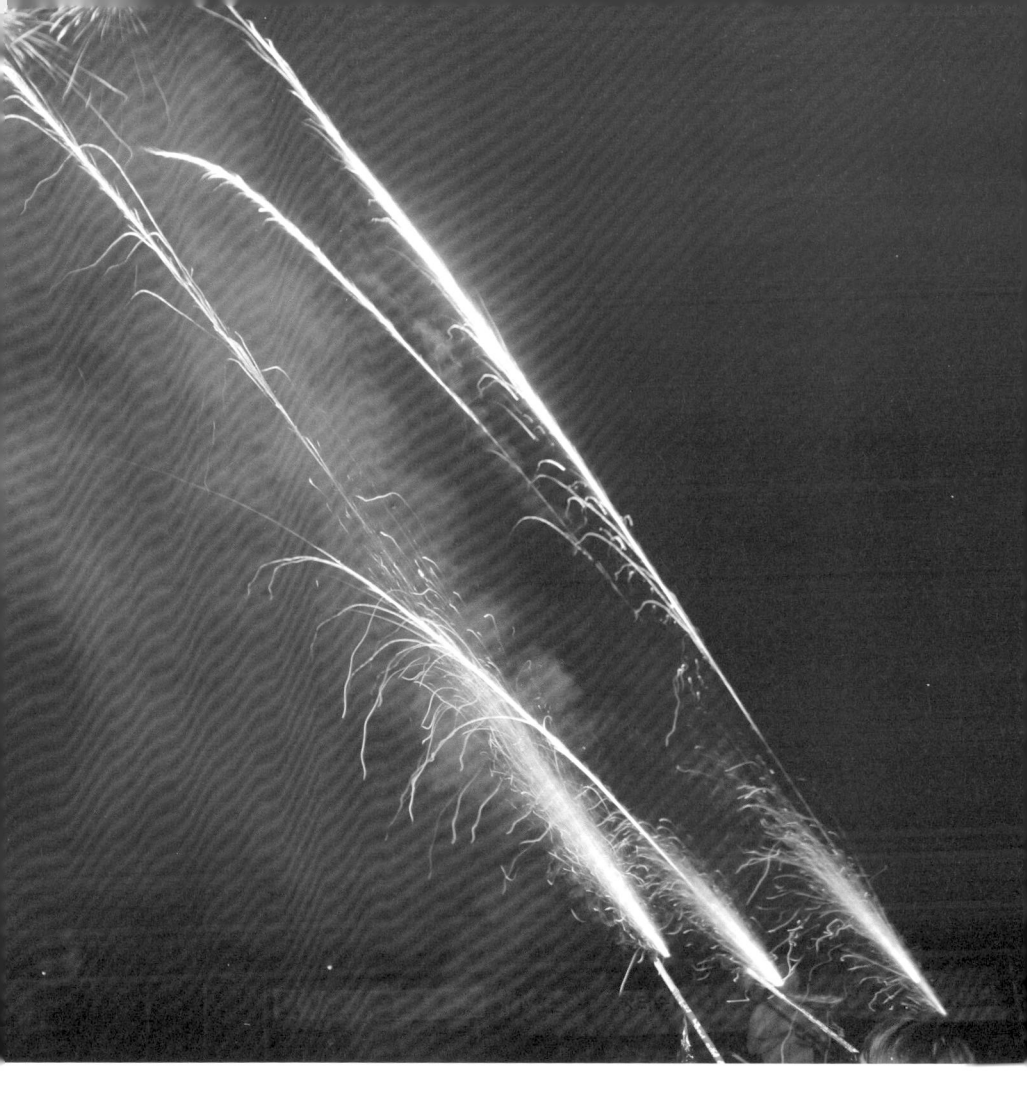

독립영화

누군가는 말한다.
영화가 인생이고 인생이 영화라고.

또 누군가는 말한다.
영화란 지루한 부분을 커트한 인생이라고.

만약 인생이 한 편의 영화라면
내 인생은 지지리도 가난한 감독이 만든
독립영화여서

저예산으로 만들어 언제나
헐벗고,
힘들고,
부족하고,
포기하고 싶어진다.

하지만
열정은 한 가득이어서
힘들게 흘린 땀방울이 들어있고
순수하며
조잡한 술수 따위 쓰지 않는다.

나는 말한다.
인생이 한 편의 영화라면
청춘과 열정이 담긴
독립영화가 되리라고.

고등학생

좁은 교실 안에
사십 개의 방들이

똑같은 모양과
똑같은 크기로
주인을 기다린다.

문이 열리고
방안으로 방주인들이 들어간다.

일 평도 안되는 방안으로
깊숙이, 더욱 깊숙이 숙여 들어간다.

등이 굳어가고
척추가 굳어가고
머리가 굳어가고
마음이 굳어간다.

좁은 교실 안
사십 개의 방에서
그렇게, 그렇게
굳어간다.

국화꽃 향기

하얀 국화꽃에 둘러싸여진
당신의 사진 앞에서

하얀 국화꽃의
향기에 둘러싸여
쪼그려 있던 나는

그 국화꽃 향기가
당신이 떠난
육신의 향이라 생각했다.

지금도 나는
그 향기가
코 끝을 스치면

한 참 동안
당신을 떠올리다가

가슴 깊숙이
숨어 있던 멍울들이
목구멍을 치고 올라 올 때서야
그 곳을 떠난다.

국화꽃 향기는
당신이 남기신 마지막이기에.

글쎄요

나를 답답해하는
사람들이 많다.

너 공부 잘하냐?
글쎄요.
너희 부모님은 뭐하시냐?
글쎄요.
넌 글쎄요 밖에 모르냐?
글쎄요.

나도 그들 못지않게
많이 답답하다.

그들은 알까?
내 이름을 묻기 전
성적부터 물었다는 걸.

별이 없다

어딜 봐도 별이 없다.
언제부턴가 밤하늘엔
둥그런 달만이
덩그러니 홀로 빛을 낸다.

어딜 봐도 가짜별 밖에 없다.
언제부터인가 밤하늘엔
별이 아닌 인공위성이
진짜보다 진짜처럼 빛을 낸다.

인공위성은 달에게
수줍은 미소 한 번 못주기에

외로운 달은
눈물 흘리다
점점 홀쭉해져만 간다.

이상형

갓 태어난 아기의 숨소리를 들을 때만큼,
말랑말랑한 강아지의 발바닥을 만질 때만큼,
자전거를 처음 혼자서 탔을 때만큼,
첫 눈을 봤을 때만큼,
딱 그만큼, 가슴이 두근거리고 설레는
사람이면 좋겠다.

떨어지는 꽃잎을 봤을 때만큼,
홀로 고요한 새벽빛을 맞이할 때만큼,
그리운 누군가가 생각날 때만큼,
길을 잃었을 때만큼,
딱 그만큼, 멀어지면 가슴 먹먹하고 아련한
사람이면 좋겠다.

눈

뽀득—, 뽀득—,
눈 밟는 소리.

소록—, 소록—,
눈 녹는 소리.

눈 오는 날은
모두가 아기신발 신는 날
뽀독, 뽀독,
아장, 아장,
잘도 걸어간다.

눈 오는 날은
모두가 봄을 준비하는 날
소록, 소록,
사르륵, 사르륵
눈은 잘도 녹아 봄이 되어간다.

나와 일상

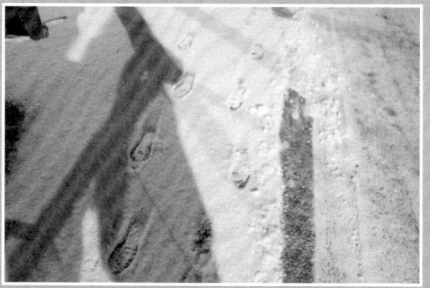

이유미

아침 햇살

오늘 아침에 나는
햇살과 만났다.

살며시 내 머리를
어루만지는 빛에

나는 조금만 더
응석을 부려본다.

그래도 여전히 떠나지 않는
햇살과 나는 만났다.

앨범

오랜만에 앨범을 펼쳤다
앨범 속 사진에는
지금의 나와 똑 닮은
어린 내가 있었다.

유치원 생일날
초등학교 입학식
가을운동회
봄날의 동물원
내 어린 시절이 담겨 있었다.

사진 속 어린 나는 웃고 있었다.
순수한 그 미소를 보며
어린 내가 부러워졌다.

내 몸은 잊어버렸지만
사진은 기억하고 있었다.
내 기억은 사라져 가지만
사진은 간직하고 있었다.

내 어린 미소와 함께
사라져가는 추억들을.

문득 올려다 본

내 방 침대에 누워
올려다 본 하늘은
까맸다
흰구름들만이 존재하고

그저 쳐다만 보았다
혹시나
닿을 수 있을까 싶어

그러나 하늘은 묵묵부답
흰구름만이 내 위를 지나며
"힘내"하고 안아줄 뿐이다.

너에게

사랑해
꼭 말하고 싶었어.

기억해?
우리 처음 만난 날
마주보며 수줍게 웃던
하나였던 그때

나는 기억해
지금도 뒤를 돌아보면
여전히 그 자리에
니가 서 있을 것만 같아

그 모습이 잊혀지지 않아서
오늘 밤도 나는
눈을 감고 너를 떠올려

너는 나를 기억하니
보고싶은 너에게

모른다

말 한 마디에 미소가 사라지고
말 한 마디에 내가 사라진다.

뒤에 홀로 남겨진 나를
알아주는 이 아무도 없다.

사람들은
눈에 보이는 것
귀에 들리는 것
그 것들만 원한다.

내 맘 속 깊은 곳에
숨어 있는 진짜 나를

알고 싶어하는 이
알아주는 이, 아무도 없다.

나

나는 오늘도 운다
수 많은 사람들 속에
못난 내가 있다.

한 걸음 한 걸음
점점 멀어져가는
조금씩 조금씩
점점 작아져가는
내가 있다.

텅 빈 공간 속에
혼자 울고 있는
못난 내가 있다.

정원의 풀

차가운 바람이 불어오는
푸른 정원에
너만은 혼자가 아니구나.

너를 감싸고 있는
푸른 풀들이
너의 마음에 살랑이며

외로운 너를 감싸며
너의 위에는 한 줄기의 빛이
너의 마음을 녹여주는구나.

이른 아침

이른 아침의
하늘을 본 적 있나요?

오늘과 어제의 구름을
눈에 담은 적 있나요?

넓게 펼쳐진 붉은 하늘과
푸르게 펼쳐진 파란 하늘은
아침부터 날 설레게 만들죠.

왠지 모를 감동이
그런 감정이 나를 사로잡아요.

당신은 이른 아침의
하늘을 본 적이 있나요.

순간 포착

길을 걷다가 찰칵
이야기하다가 찰칵
밥을 먹다가 찰칵
누워 있다가 찰칵

찰칵 찰칵 찰칵 찰칵
시도 때도 없이 울리는 셔터음

찰칵 소리는
나의 감정이 찰칵

우리의 여름

무덥던 여름날
에어컨 없이도
시원한 여름을 보냈지.

서툴어서 부딪히고 어긋나고
정신없이 흘러가는 시간 속에
우리가 있었지.

가뭄이 지나면
봄비가 내리듯
우리도 그랬지.

당연함

당연하다고 생각했다
변하지 않을거라 생각했다
언제까지나

여름도 겨울도
나도 친구도
엄마도 아빠도
세상의 돌림판도

나에게 주어진 행복을
편안히 누려왔던 것들을
당연하다고 생각해왔다.

이제는
그 당연한 것들을
누릴 수 없다
늘 내 곁에 있어
소중하다는 것을

행복하다는 것을
나는 몰랐다.

1+1

내 얼굴이 찌푸려질 때
엄마 얼굴에 근심 하나

내가 울고 있을 때
엄마의 마음에 상처 하나

내가 속 썩일 때
엄마 흰머리가 한 가닥

내가 성장해 갈수록
엄마는 늙어짐+1

또+1

오늘 난 어떤 얼굴을 해야 할까?

노크

내 마음에는
…이 있다
큰 벽이 하나

오늘 밤에도
나는 그 벽에 기대어
내 마음 속을 들여다 본다.

마치…처럼
감옥 같은 공간이다.

똑똑,
문 좀 열어 주세요.

21세기

지하철은
또 다른 하나의 세상

작은 공간 속에서
많은 사람들과 만난다.

모두 같은 얼굴
모두 같은 자세

네모난 기계에 고개를 쳐박고
그들은 무엇을 하고 있을까?

안타깝다.

바람이 분다

바람이 분다
내 머릿결과 함께

바람이 분다
내 마음에

미로

미친 듯이 달렸다.
숨이 차오르도록

멈추지 않고 달렸다.
나는 멈출 수 없다.

출구가
없다.

말하다

길효정

현실

손길을 외치는
그들의 입을 닫는다.

햇살을 보려하는
그들의 눈을 가린다.

세상의 소리를 들으려 하는
그들의 귀를 막는다.

앞을 향해 걸어가려하는
그들의 손발을 묶는다.

한없이 기꺼워지려 하는
그들의 마음이 한없이 멀어져 간다.

휴

조금 더 많은 공기를 마시고
조금 더 길게 숨을 내쉰다.

황량하고 우울한 세상 속
그 잠깐의 작은 공허함에
나의 존재를 되새긴다.

그래서 나는 한숨을 쉰다.

기
서
무
나
구
물

물구나무를 서서
바다를 보니
바다가 하늘이고 돌이 구름이다.

물구나무를 서서
하늘을 보니
하늘이 바다고 구름이 돌이다.

흐른다

시계의 초침도
번화가의 붐비는 사람들도
그리고 갈 곳 잃은 나도

모두들,
알 수 없는
내일을 향해 의미없이 흘러간다.

정작
중요한 것은
내가 아닌 누군가에게 기억될
지금, 바로 이 순간이 아닐까?

휴게소

꽃향기를 따라
쉴 새 없이 날아다닌다.

위잉 윙윙윙
윙윙 윙윙윙윙
날개가 저려온다.

가끔은 꽃보다
꿀 없는 나뭇가지가 좋다.

나의 너만은

그 누가 떠나간다 할지라도
나의 너만은 그 자리에서 나를 지켜주기를.

그 누가 변해간다 할지라도
나의 너만은 그 모습 그대로이기를.

모래시계

보낼 수는 있고 주워 담을 수는 없는
기다려주지 않았던 시간을 원망하고
미처 손 내밀지 못했던 못난 나를 원망하고
우리에겐 오지 않았던 기적을 원망해봐야
돌이킬 수 없음을 나는 이제야 알았다.

거칠지만 부드러웠던 손과
차가운 말 뒤에는 누구보다도
따뜻한 마음이 있었음을 나는 이제야 알았다.

떠나가는 그대의
변함없는 씩씩한 뒷모습을 보며
나는 이제야 알았다.

김칫국

달리는 기차 안
창 너머로 보이는 산이
네 손에 다 가린다고 해서

다 아는 척
김칫국 마시지 마라.
그러다 체한다.

물음표

안정은

아름다움에 대하여

나는 생각한다.
세상의 어린 모든 것들은 아름답다고

어떤 책은 내게 말했다.
세상의 모든 사람은 늙는 것이 아니라
배나온 어린아이가 되는 것이라고

나는 다시 한 번 생각한다.
세상의 모든 이는 아름답다고.

오늘밤

너를 향한 내 마음이
연민인지
그리움인지
아쉬움인지
사랑인지

헷갈리는 것인지
나 스스로를 속이는 것인지

알 수 없는 밤이군.

비밀

모두들 마음 속에 저마다의
비밀을 간직한 채 살아간다.

마음 속 비밀은 자란다.
꾹꾹 눌러담고
꾸역꾸역 참아내고
차오르는 비밀을 억누르며 살아간다.

그렇게,
어리석게 살아간다.

발버둥

소리내어 웃는 것도
소리내어 우는 것도

그저 더
나아지기위한
비참한 발버둥

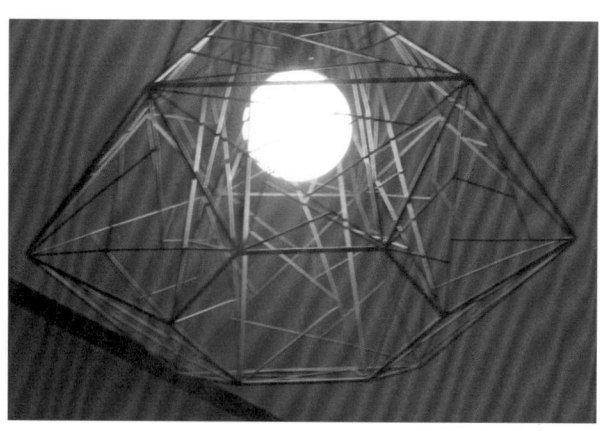

깨달음을 준 사람

당신은 저한테 그런 존재에요
인간은 누군가에게 걱정을 끼칠 때보다
상대를 걱정할 때가 더 행복하다는 것을 깨닫게 해준 그런 사람

누군가를 돌아볼 수 있다는 것은
내 마음에 여유가 있을 때나 가능한 일이라는 것을
깨닫게 해준 그런 사람

인간이란 누군가를 신경 써줄 때
처음으로 자기 마음에 여유가 있다는 것을 깨닫게 해준 그런 사람

내게 있어 당신이란 존재는 그런 거에요.

사랑

더디고
무딘 사랑도

위험한 사랑도
웃음짓는 사랑도
속눈썹 파르르 떨리는 사랑도

사랑이지요.

친구

오랜만이야
여전하네 그대로야

잠깐의 만남에
우리 사이의 무의미했던 시간이
없던 일처럼 사라진다.

poem & photo
똑똑, 문 좀 열어 주실래요

초판 1쇄　2013년 5월 31일

지은이　김예원 외
펴낸이　박진환

펴낸곳　만인사
등록　1996년 4월 20일 제03-01-306호
주소　대구광역시 중구 명륜로 116
　　　www.maninsa.co.kr
　　　E-mail : maninsa@hanmail.net
전화　(053)422-0550
팩스　(053)426-9543

ISBN 978-89-6349-049-6　03810
값 12,000원

※이 책의 판권은 지은이와 만인사에 있습니다. 이 책의 내용의 전부,
또는 일부를 재사용하려면 반드시 양측의 서면 동의를 받아야 합니다.

※「이 도서의 국립중앙도서관 출판시도서목록(CIP)은 서지정보유통지원
시스템 홈페이지(http://seoji.nl.go.kr)와 국가자료공동목록시스템
(http://www.nl.go.kr/kolisnet)에서 이용하실 수 있습니다.
(CIP제어번호: CIP2013006693)」